T0042419

Cochinita bien vestida

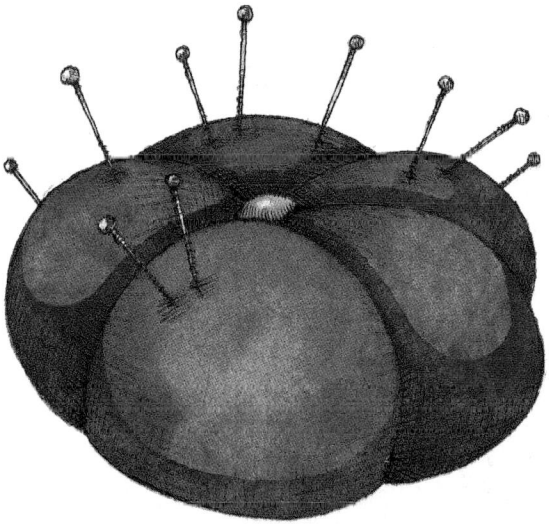

Elizabeth Sengel
Ilustrado por Lane Yerkes

HAMPTON-BROWN
Quien sabe dos lenguas vale por dos.®

Panchita cose un vestido.
—Es mucho vestido para mí
—dijo Cochinita.

¡Chis, chas!
—Ya está bien —dijo Panchita.

—Me gusta mucho —dijo Cochinita.

Panchita cose un chaleco.
—Es mucho chaleco para mí
—dijo Cochinita.

¡Chis, chas!
—Ya está bien —dijo Panchita.

—Me gusta mucho —dijo Cochinita.

Panchita cose un abrigo.
—Es mucho abrigo para mí
—dijo Cochinita.

¡Chis, chas!
—Ya está bien —dijo Panchita.

—Me gusta mucho —dijo Cochinita.

¡Lista!
¡Una cochinita bonita y feliz!